1 MONTH OF FREE READING

at

www.ForgottenBooks.com

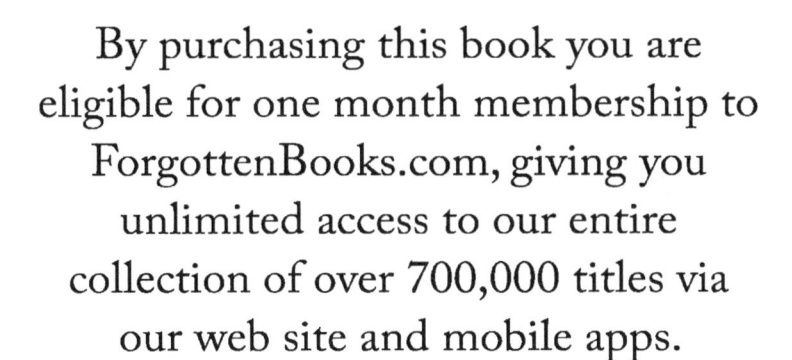

By purchasing this book you are eligible for one month membership to ForgottenBooks.com, giving you unlimited access to our entire collection of over 700,000 titles via our web site and mobile apps.

To claim your free month visit: www.forgottenbooks.com/free364017

* Offer is valid for 45 days from date of purchase. Terms and conditions apply.

ISBN 978-0-666-96023-8
PIBN 10364017

This book is a reproduction of an important historical work. Forgotten Books uses state-of-the-art technology to digitally reconstruct the work, preserving the original format whilst repairing imperfections present in the aged copy. In rare cases, an imperfection in the original, such as a blemish or missing page, may be replicated in our edition. We do, however, repair the vast majority of imperfections successfully; any imperfections that remain are intentionally left to preserve the state of such historical works.

Forgotten Books is a registered trademark of FB &c Ltd.
Copyright © 2017 FB &c Ltd.
FB &c Ltd, Dalton House, 60 Windsor Avenue, London, SW19 2RR.
Company number 08720141. Registered in England and Wales.

For support please visit www.forgottenbooks.com

TIRÉ A 525 EXEMPLAIRES NUMÉROTÉS

dont 150 hors commerce

Exemplaire N° 30.

Offert à M. *J. E. Blanche*

E. D.

EMILE VERHAEREN

CAHIERS DE VERS

1883-1896

LES FLAMANDES	Bruxelles, *Hochstein*,	1883 (Epuisé)
LES MOINES	Paris, *Lemerre*,	1885 (Epuisé)
LES SOIRS	Bruxelles, *Deman*,	1888 (Epuisé)
LES DÉBACLES	Bruxelles, *Deman*,	1888 (Epuisé)
LES FLAMBEAUX NOIRS . .	Bruxelles, *Deman*,	1891 (Epuisé)
LES APPARUS DANS MES CHEMINS.	Bruxelles, *Lacomblez*,	1891
LES CAMPAGNES HALLUCINÉES.	Bruxelles, *Deman*,	1894
LES VILLAGES ILLUSOIRES .	Bruxelles, (coll. du Réveil) *Deman*,	1895 (Epuisé)
ALMANACH	Bruxelles, *Dietrich*,	1895
LES BORDS DE LA ROUTE .	Paris, *Mercure*,	1895
LES VILLES TENTACULAIRES.	Bruxelles, *Deman*,	1896
LES HEURES CLAIRES. . .	(A paraître)	1896

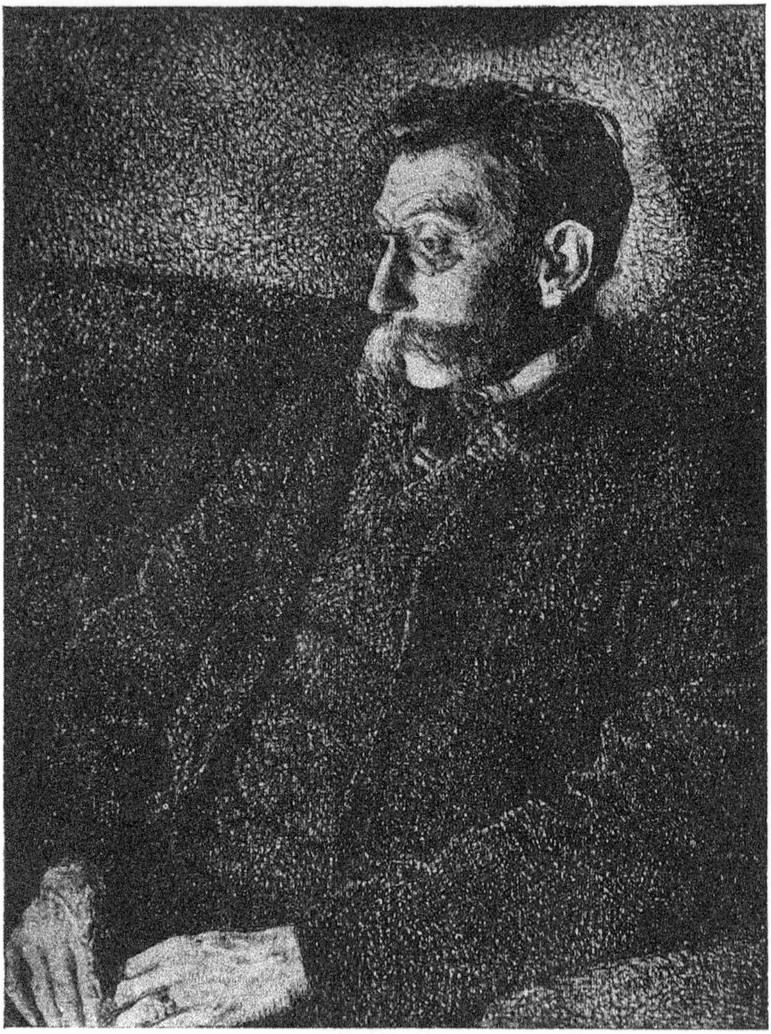

Émile Verhaeren

1883-1896

Pour les Amis du Poete
1896

PQ
2459
.V8 A125
1896

Cuisson du pain

Les servantes faisaient le pain pour les dimanches,
Avec le meilleur lait, avec le meilleur grain,
Le front courbé, le coude en pointe hors des manches,
La sueur les mouillant et coulant au pétrin.

Leurs mains, leurs doigts, leur corps entier fumaient de hâte
Leur gorge remuait dans les corsages pleins;
Leurs deux poings monstrueux pataugeaient dans la pâte
Et la moulaient en ronds comme la chair des seins.

Dehors, les grands fournils chauffaient leurs braises r(
Et, deux par deux, du bout d'une planche, les gouges,
Dans le ventre des fours, engouffraient les pains mous.

Et les flammes, par les gueules s'ouvrant passage,
Comme une meute énorme et chaude de chiens roux,
Sautaient, en rugissant, leur mordre le visage.

(Les Flam

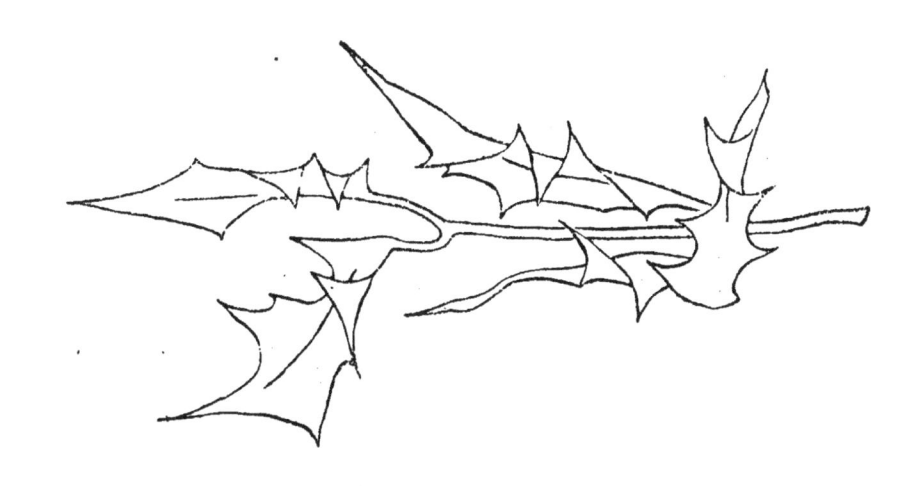

Croquis de cloître

Sous un pesant repos d'après-midi vermeil,
Les stalles, en vieux chêne éteint, sont alignées
Et le jour, traversant les fenêtres ignées,
Etale, au fond du chœur, des nattes de soleil.

Et les moines, dans leurs coules toutes les mêmes,
— Mêmes plis sur leur manche et mêmes sur leur froc,
Même raideur et même attitude de roc —
Sont là, debout, muets, plantés sur deux rangs blêmes.

*Et l'on s'attend à voir ces immobilités
Brusquement se disjoindre et les versets chantés
Rompre, à tonnantes voix, les silences qui pèsent;*

*Mais rien ne bouge au long du mur pâle qui fuit
Et les heures s'en vont par le couvent, sans bruit,
Et toujours et toujours les grands moines se taisent.*

(Les Moines).

le Moulin

Le moulin tourne au fond du soir, très lentement,
Sur un ciel de tristesse et de mélancolie,
Il tourne et tourne, et sa voile, couleur de lie,
Est triste et faible et lourde et lasse infiniment.

Depuis l'aube, ses bras, comme des bras de plainte,
Se sont tendus et sont tombés; et les voici
Qui retombent encor, là-bas, dans l'air noirci
Et le silence entier de la nature éteinte.

Un jour souffrant d'hiver parmi les loins s'endort,
Les nuages sont las de leurs voyages sombres,
Et, le long des taillis, qui ramassent leurs ombres,
Les ornières s'en vont vers un horizon mort.

Sous un ourlet de sol, quelques huttes de hêtre
Très misérablement sont assises en rond;
Une lampe de cuivre est pendue au plafond
Et patine de feu le mur et la fenêtre.

Et dans la plaine immense et le vide dormeur,
Elles fixent, — les très-souffreteuses bicoques —
Avec les pauvres yeux de leurs carreaux en loques,
Le vieux moulin qui tourne, et las, qui tourne et meurt.

(Les Soirs).

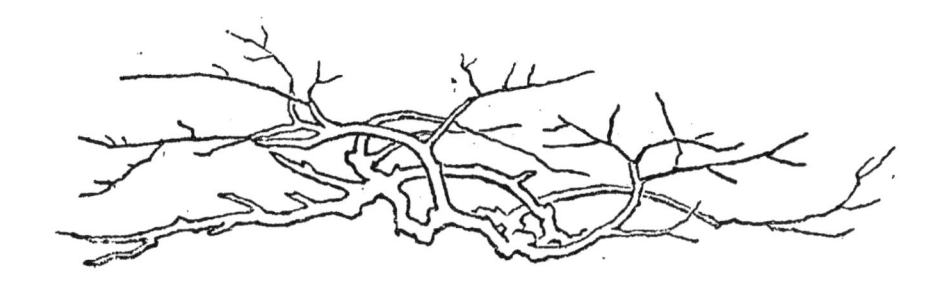

Pieusement

La nuit d'hiver élève au ciel son pur calice.

Et je lève mon cœur aussi, mon cœur nocturne,
Seigneur, mon cœur! vers ton pâle infini vide,
Et néanmoins, je sais que rien n'en pourra l'urne
Combler, et que rien n'est dont ce cœur meurt avide ;
Et je te sais mensonge et mes lèvres te prient
Et mes genoux; je sais et tes grandes mains closes

*Et tes grands yeux fermés aux désespoirs qui crient,
Et que c'est moi qui, seul, me rêve dans les choses;
Sois de pitié, Seigneur, pour ma toute démence,
J'ai besoin de pleurer mon mal vers ton silence!...*

La nuit d'hiver élève au ciel son pur calice!

(Les Débacles).

Départ

*La mer choque ses blocs de flots contre les rocs
Et les granits du quai, la mer spumante
Et ruisselante et détonnante en la tourmente
      De ses houles montantes.*

*Les baraques et les hangars comme arrachés,
Et les grands ponts noués de fer et cravachés
De vent; les ponts, les baraques, les gares
Et les feux étagés des fanaux et des phares*

   Oscillent aux cyclones,
Avec leurs toits, leurs tours et leurs colonnes.

Et, ses hauts mats craquants et ses voiles claquantes,
Mon navire d'à travers tout casse ses ancres,
   Et, cap sur le zénith,
   Il hennit de toute sa tête
   Vers la tempête —

Et part, bête d'éclairs, parmi la mer.

   Dites vers quel inconnu fou
Et vers quels somnambuliques réveils
Et vers quels au-delàs et vers quels n'importe où
   Convulsionnaires soleils?

Vers quelles démences et quels effrois
Et quels écueils cabrés en palefrois,
Vers quels cassements d'or
De proue et de sabord,

Tandis qu'hélas! celle qui fut ma raison,
La main tendant ses pâles lampadaires,
Le regarde cingler à l'horizon,
Du haut de grands débarcadères.

(LES FLAMBEAUX NOIRS).

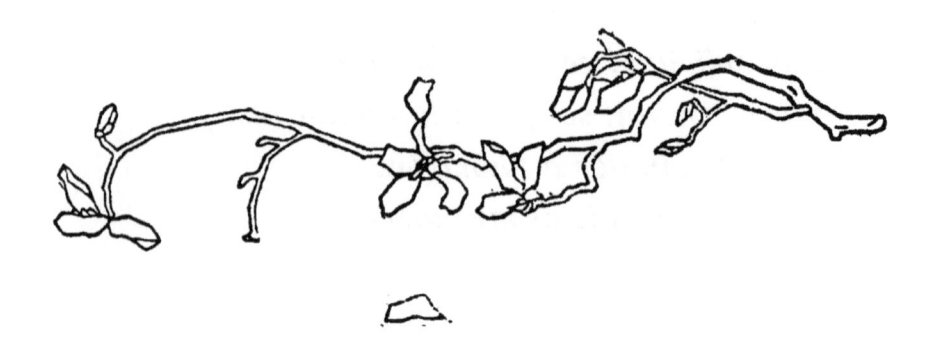

les Jardins

*Le paysage il a changé — et des gradins
Mystiquement bordés de haies,
Inaugurent, parmi des plants d'ormaies,
Une vert et or enfilade de jardins.*

*Chaque montée est un espoir
En escalier, vers une attente;
Par les midis chauffés la marche est haletante,
Mais le repos attend au bout du soir.*

*Les ruisselets qui lavent toutes fautes
Coulent autour des gazons frais ;
L'agneau divin, avec sa croix, s'endort auprès,
Tranquillement, parmi les berges hautes.*

*L'herbe est heureuse et la haie azurée
De papillons de verre et de bulles de fruits ;
Des paons courent au long des buis ;
Un lion clair barre l'entrée.*

*Des fleurs droites, comme l'ardeur
Extatique des âmes blanches
Fusent, en un élan de branches,
Vers leur splendeur.*

*Un vent très lentement ondé
Chante une extase sans parole ;
L'air filigrane une auréole
A chaque disque émeraudé.*

*L'ombre même n'est qu'un essor
Vers les clartés qui se transposent,
Et les rayons calmés reposent
Sur les bouches des lilas d'or.*

(Les Apparus dans mes Chemins).

le Fléau

La mort a bu du sang
Au cabaret des Trois Cercueils.

La Mort a mis sur le comptoir
Un écu noir;
Et puis s'en est allée.

« C'est pour les cierges et pour les deuils »
Et puis s'en est allée.

*La Mort s'en est allée
Tout lentement
Chercher le sacrement.*

*On a vu cheminer le prêtre
Et les enfants de chœur
— Trop tard —
Vers la maison
Dont étaient closes les fenêtres.*

*La Mort a bu du sang.
Elle en est soûle.*

*« Notre Mère la Mort, pitié! pitié!
Ne bois ton verre qu'à moitié,
Notre Mère la Mort, c'est nous les mères;
C'est nous les vieilles à manteaux,
Avec leurs cœurs en ex-votos,
Qui marmonnons du désespoir
En chapelets interminables;
Notre Mère de la Mort et du soir,
C'est nous les béquillantes et minables*

Vieilles, tannées
Par la douleur et les années :
Les défroques pour tes tombeaux
Et les cibles pour tes couteaux. »

— La Mort, dites, les bonnes gens,
La Mort est soûle :
Sa tête oscille et roule
Comme une boule.

La Mort a bu du sang
Comme un vin frais et bienfaisant ;
Il coule doux aux joints de la cuirasse
De sa carcasse.

La Mort a mis sur le comptoir
Un écu noir ;
Elle en voudra pour ses argents
Au cabaret des pauvres gens.

« Notre-Dame la Mort, c'est nous les vieux des guerres
Tumultuaires,
Tronçons mornes et terribles entailles
De la forêt des victoires et des batailles ;

*Notre-Dame des drapeaux noirs
Et des débacles dans les soirs;
Notre-Dame des glaives et des balles
Et des crosses contre les dalles;
Toi, notre vierge et notre orgueil,
Toujours si fière et droite, au seuil
De l'horizon tonnant de nos grands rêves;
Notre-Dame la Mort, toi, qui te lèves
Au battement de nos tambours
Obéissante et qui, toujours,
Nous fus belle d'audace et de courage,
Notre-Dame la Mort, cesse ta rage,
Et daigne enfin nous voir et nous entendre,
Puisqu'ils n'ont point appris, nos fils, à se défendre.*

*— La Mort, dites, les vieux verbeux,
La Mort est soûle,
Comme un flacon qui roule
Sur la pente des chemins creux.*

*La Mort n'a pas besoin
De votre mort au bout du monde,
C'est au pays qu'elle fonce la bonde
Du tonneau rouge.*

*La Mort est bien assise au feu
Du cabaret des Trois Cercueils de Dieu,
Elle exècre s'en aller loin,
Sous les hasards des étendards.*

*« Dame la Mort, c'est moi, la Sainte Vierge
Qui viens, en robe d'or, chez vous,
Vous supplier à deux genoux
D'avoir pitié des gens de mon village;
Dame la Mort, c'est moi la Sainte Vierge
De l'ex-voto, là-bas, près de la berge,
C'est moi qui fus de mes pleurs inondée,
Au Golgotha, dans la Judée,
Sous Hérode, voici mille ans;
Dame la Mort, c'est moi la Sainte Vierge
Qui fis promesse aux gens d'ici
D'aller toujours crier merci
Dans leurs détresses et leurs peines ;
Dame la Mort, c'est moi la Sainte Vierge. »*

*— La Mort, dites, la bonne Dame,
Se sent au cœur comme une flamme
Qui, de là, monte à son cerveau.
La Mort a soif de sang nouveau,*

— *La Mort est soûle* —
Ce seul désir comme une houle,
Remplit sa brumeuse pensée.
La Mort n'est point celle qu'on éconduit
Avec un peu de prière et de bruit,
La Mort s'est lentement lassée
Des bras tendus en désespoirs;
Bonne Vierge des reposoirs,
La Mort est soûle
Et sa fureur, hors des ornières,
Par les chemins des cimetières
Bondit et roule
Comme une boule.

« *La Mort, c'est moi, Jésus, le Roi,*
Qui te fis grande ainsi que moi,
Pour que s'accomplisse la loi
Des choses en ce monde.
La Mort, je suis la manne d'or
Qui s'éparpille du Thabor
Divinement, par à travers les loins du monde;
Je suis celui qui fut pasteur,
Chez les humbles, pour le Seigneur :

*Mes mains de gloire et de splendeur
Ont rayonné sur la douleur;
La Mort, je suis la paix du monde. »*

*— La Mort, dites, le Seigneur Dieu,
Est assise près d'un bon feu,
Dans une auberge où le vin coule;
Et n'entend rien, tant elle est soûle.*

Elle a sa faux et Dieu a son tonnerre.

*En attendant, elle aime à boire, et le fait voir
A quiconque voudrait s'asseoir,
Côte à côte, devant un verre.
Jésus, les temps sont vieux,
Et chacun mange ou boit comme il le peut....*

*Et la Mort s'est mise à boire, les pieds au feu;
Elle a même laissé s'en aller Dieu
Sans se lever sur son passage :
Si bien que ceux qui la voyaient assise
Ont cru leur âme compromise.*

*Durant des jours et puis des jours encor, la Mort
À fait des dettes et des deuils,
Au cabaret des Trois Cercueils;
Puis, un matin, elle a ferré son cheval d'os,
Mis son bissac au creux du dos,
Pour s'en aller à travers la campagne.*

*De chaque bourg et de chaque village,
On est venu vers elle avec du vin,
Pour qu'elle n'eût ni soif, ni faim,
Et ne fît halte au coin des routes;
Les vieux portaient de la viande et du pain,
Les femmes des paniers et des corbeilles
Et les fruits clairs de leur verger,
Et les enfants portaient des miels d'abeilles.*

*La Mort a cheminé longtemps,
Par le pays des pauvres gens,
Sans trop vouloir, sans trop songer,
La tête soûle
Comme une boule.*

Elle portait une loque de manteau roux,
Avec de grands boutons de veste militaire,
Un bicorne piqué d'un plumet réfractaire
Et des bottes jusqu'aux genoux ;
Sa carcasse de cheval blanc
Cassait un vieux petit trot lent
De bête ayant la goutte,
Contre les chocs de la grand' route ;
Et les foules suivaient, par à travers les n'importe où,
Le grand squelette aimable et soûl
Qui trimballait, sur son cheval bonhomme,
L'épouvante de sa personne
Vers des lointains de peur et de panique,
Sans éprouver l'horreur de son odeur
Ni voir danser, sous un repli de sa tunique,
Le trousseau de vers blancs qui lui tétaient le cœur.

(LES CAMPAGNES HALLUCINÉES).

le Passeur d'eau

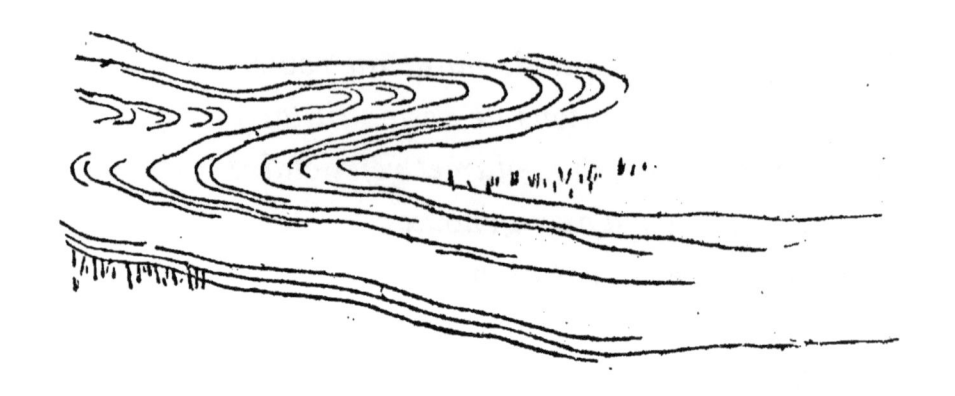

Le passeur d'eau, les mains aux rames,
A contre flot, depuis longtemps
Ramait, un roseau vert entre les dents.

Mais celle hélas ! qui le hélait
Au-delà des vagues, là-bas —
Toujours plus loin, par au-delà des vagues, —
Parmi les brumes reculait.

Les fenêtres, avec leurs yeux,
Et le cadran des tours, sur le rivage,
Le regardaient peiner et s'acharner,
En un ploiement de torse en deux
Et de muscles sauvages.

Une rame soudain cassa
Que le courant chassa,
A vagues lourdes, vers la mer.

Celle, là-bas, qui le hélait
Dans les brumes et dans le vent, semblait
Tordre plus follement les bras
Vers celui qui n'approchait pas.

Le passeur d'eau, avec la rame survivante
Se prit à travailler si fort
Que tout son corps craqua d'efforts.
Et que son cœur trembla de fièvre et d'épouvante.

D'un coup brusque le gouvernail cassa —
Et le courant chassa
Ce haillon morne, vers la mer.

*Les fenêtres, sur le rivage,
Comme des yeux grands et fiévreux,
Et les cadrans des tours, ces veuves
Droites, de mille en mille, au bord des fleuves,
Fixaient obstinément
Cet homme fou en son entêtement
A prolonger son dur voyage.*

*Celle, là-bas, qui le hélait
Dans les brumes, hurlait, hurlait,
La tête effrayamment tendue
Vers l'inconnu de l'étendue.*

*Le passeur d'eau, comme quelqu'un d'airain,
Planté dans la tempête blême,
Avec l'unique rame entre ses mains
Battait les flots, mordait les flots — quand même;*

*Ses vieux regards hallucinés
Voyaient des loins illuminés
D'où lui venait toujours la voix
Lamentable sous les cieux froids.*

La rame dernière cassa
Que le courant chassa
Comme une paille, vers la mer.

Le passeur d'eau, les bras tombants,
S'affaissa morne sur son banc,
Les reins rompus de vains efforts;
Un choc heurta sa barque à la dérive
Il regarda, derrière lui, la rive;
Il n'avait pas quitté le bord.

Les fenêtres et les cadrans,
Avec des yeux béats et grands
Constatèrent sa ruine d'ardeur;
Mais le tenace et vieux passeur
Garda quand même pour Dieu sait quand!
Le roseau vert entre ses dents.

(LES VILLAGES ILLUSOIRES).

la petite Vierge

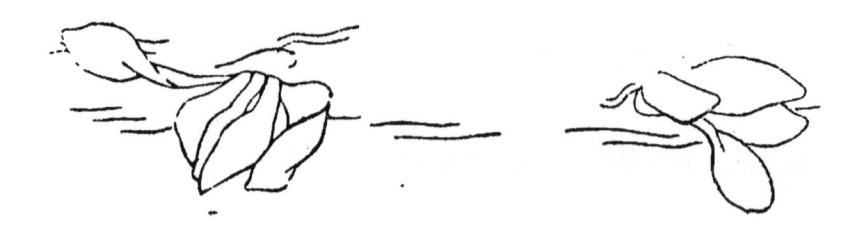

La petite vierge Marie
Passe, les soirs de mai, par la prairie,
Ses pieds légers frôlant les brumes,
Ses deux pieds blancs comme deux plumes,

S'en va comme une infante,
Corsage droit, jupes bouffantes,
Avec un bruit bougeant
Et clair de chapelet d'argent.

Aux deux cotés de la rivière
Poussent par tas des fleurs trémières,
Et la vierge, de berge en berge,
Cherche les lys royaux
Et les iris debout sur l'eau
Comme flamberges.

Puis cueille, avec ses doigts
Un peu roides de séculaire empois,
Un insecte qui dort, ailes émeraudées,
Au cœur des plantes fécondées.

Et de sa douce main, enfin,
Détache une chèvre qui broute
A son piquet, au coin des routes,
Et doucement la baise et la caresse,
Et doucement la mène en laisse.

Et puis, la petite vierge Marie
S'en vient trouver le vieux tilleul de la prairie
Dont les rameaux, pareils à des trophées,
Récèlent les mille légendes ;

Et humble, adresse alors ces trois offrandes,
Sous le grand arbre, aux bonnes fées,
Qui autrefois, au temps des merveilleuses seigneuries,
Furent, comme elle aussi, la bénévole allégorie.

(Almanach).

les Horloges

La nuit, dans le silence en noir de nos demeures,
Béquilles et bâtons, qui se cognent, là-bas,
Montant et dévalant les escaliers des heures —
Les horloges, avec leurs pas;

Emaux naïfs derrière un verre, emblèmes
Et fleurs d'antan, chiffres et camaïeux,
Lunes des corridors vides et blêmes —
Les horloges, avec leurs yeux;

Sons morts, notes de plomb, marteaux et limes,
Boutique en bois de mots sournois
Et le babil des secondes minimes —
Les horloges, avec leurs voix ;

Gaînes de chêne et bornes d'ombre,
Cercueils scellés dans le mur froid,
Vieux os du temps que grignotte le nombre —
Les horloges et leur effroi ;

Les horloges
Volontaires et vigilantes,
Pareilles aux vieilles servantes
Boitant de leurs sabots ou glissant sur leurs bas,
Les horloges que j'interroge
Serrent ma peur en leur compas.

(Les Bords de la Route).

la Révolte

La rue, en un remous de pas,
De corps et d'épaules d'où sont tendus des bras
Sauvagement ramifiés vers la folie,
Semble passer volante — et s'affilie
A des haines, à des sanglots, à des espoirs :
La rue en or,
La rue en rouge, au fond des soirs.

Toute la mort,
En des beffrois tonnants se lève;
Toute la mort, surgie en rêves,
Avec des feux et des épées
Et des têtes, à la tige des glaives,
Comme des fleurs atrocement coupées.

La toux des canons lourds,
Les lourds hoquets des canons sourds
Mesurent seuls les pleurs et les abois de l'heure.
Les cadrans blancs des carrefours obliques,
Comme des yeux en des paupières,
Sont défoncés à coups de pierre :
Le temps normal n'existant plus
Pour les cœurs fous et résolus
De ces foules hyperboliques.

La rage, elle a bondi de terre
Sur un monceau de pavés gris,
La rage au clair, avec des cris
Et du sang neuf en chaque artère,

Et pâle et haletante
Et si terriblement
Que son moment d'élan vaut, à lui seul, le temps
Que met un siècle en gravitant
Autour de ses cent ans d'attente.

Tout ce qui fut rêvé jadis,
Ce que les fronts les plus hardis
Vers l'avenir ont instauré ;
Ce que les âmes ont brandi,
Ce que les yeux ont imploré,
Ce que toute la sève humaine
Silencieuse a renfermé,
S'épanouit, aux mille bras armés
De ces foules, brassant leur houle avec leur haine.

C'est la fête du sang qui se déploie,
A travers la terreur, en étendards de joie :
Des gens passent rouges et ivres,
Des gens passent sur des gens morts ;
Les soldats clairs, casqués de cuivre,
Ne sachant plus où sont les droits, où sont les torts,

Las d'obéir, chargent, molassement,
Le peuple énorme et véhément
Qui veut enfin que sur sa tête
Luisent les ors sanglants et violents de la conquête.

— Tuer, pour rajeunir et pour créer !
Ainsi que la nature inassouvie
Mordre le but, éperduement,
A travers la folie horrible d'un moment :
Tuer ou s'immoler pour tordre de la vie !

Voici des ponts et des maisons qui brûlent,
En façades de sang, sur le fond noir du crépuscule ;
L'eau des canaux en réfléchit les fumantes splendeurs,
De haut en bas, jusqu'en ses profondeurs ;
D'énormes tours obliquement dorées
Barrent la ville au loin d'ombres démesurées ;
Les bras des feux, ouvrant leurs mains funèbres,
Eparpillent des tisons d'or par les ténèbres ;
Et les brasiers des toits sautent en bonds sauvages,
Hors d'eux-mêmes, jusqu'aux nuages.

On fusille par tas, là-bas.

*La mort avec des doigts précis et mécaniques,
Au tir rapide et sec des fusils lourds,
Abat, le long des murs du carrefour,
Des corps debout jetant des gestes tétaniques ;
Des rangs entiers tombent comme des barres.
Des silences de plomb pèsent sur les bagarres.
Des cadavres dont les balles ont fait des loques,
Le torse à nu, montrent leurs chairs baroques ;
Et le reflet dansant des lanternes fantasques
Crispe en rire le cri dernier sur tous ces masques.*

*Et lourds, les bourdons noirs tanguent dans l'air ;
Une bataille rauque et féroce de sons
S'en va pleurant l'angoisse aux horizons
Hagards comme la mer.
Tapant et haletant, le tocsin bat,
Comme un cœur dans un combat,
Quand, tout à coup, pareille aux voix asphyxiées,
Telle cloche qui âprement tintait,
Dans sa tourelle incendiée,
Se tait.*

Aux vieux palais publics, d'où les échevins d'or
Jadis domptaient la ville et refoulaient l'effort
Et la marée en rut des multitudes tortes,
On pénètre, cognant et martelant les portes ;
Les clefs sautent et les verrous ;
Des armoires de fer ouvrent leurs trous,
Où s'alignent les lois et les harangues ;
Une torche les lèche avec sa langue,
Et tout leur passé noir s'envole et s'éparpille,
Tandis que dans la cave et les greniers l'on pille
Et que l'on jette au loin, par les balcons hagards,
Des corps humains fauchant le vide avec leurs bras épars

Mêmes fureurs dans les églises :
Les verrières, où des vierges se sont assises,
Jonchent le sol et s'émiettent comme du chaume ;
Le Christ, rivant aux murs sa mort et son fantôme,
Est lacéré et pend, comme un haillon de bois,
Au dernier clou qui perce encor sa croix,
Le tabernacle, où sont les chrêmes,
Est enfoncé, à coups de poings et de blasphèmes ;
On soufflette les Saints près des autels debout
Et dans la grande nef, de l'un à l'autre bout,

— Telle une neige — on dissémine les hosties
Pour qu'elles soient, sous des talons rageurs, anéanties.

Tous les joyaux du meurtre et des désastres,
Etincellent ainsi sous l'œil des astres ;
La ville entière éclate
En pays d'or coiffé de flammes écarlates ;
La ville, au fond des soirs, vers les lointains houleux,
Tend sa propre couronne énormément en feu ;
Toute la nuit et toute la folie
Brassent la vie, avec leur lie,
Si fort, que par instants le sol semble trembler
Et l'espace brûler
Et les râles et les effrois s'écheveler et s'envoler
Et balayer les grands cieux froids.

— Tuer, pour rajeunir et pour créer
Ou pour tomber et pour mourir, qu'importe !
Dompter, ou se casser le front contre la porte !
Et puis — que son printemps soit vert ou qu'il soit rouge -
N'est-elle point dans le monde toujours,
Haletante, par à travers les jours,
La puissance profonde et fatale qui bouge ! —

(LES VILLES TENTACULAIRES)

Conseil

Oh! laisse frapper à la porte
La main qui passe avec ses doigts futiles ;
Notre heure est si unique et le reste qu'importe,
Le reste, avec ses doigts futiles...

Laisse passer par le chemin
La triste et fatigante joie
Avec ses crécelles en main.

Laisse voler, laisse bruire
Et s'en aller le rire.
Laisse passer la foule et ses tonnantes voix.

L'instant est si beau de lumière,
Dans le jardin autour de nous,
L'instant est si rare de lumière trémière
Dans notre cœur au fond de nous.

Tout nous prêche de n'attendre plus rien
De ce qui vient ou passe
Avec des chansons lasses
Et des bras las par les chemins.

Et de rester les doux qui bénissons le jour
Même devant la nuit d'ombres barricadée,
Aimant en nous, par dessus tout, l'idée
Que bellement nous nous faisons de notre amour.

(Les Heures Claires).

La cuisson du Pain	5
Croquis de Cloître	7
Le Moulin	9
Pieusement	11
Départ.	13
Les Jardins	16
Le Fléau.	19
Le Passeur d'eau.	28
La petite Vierge.	32
Les Horloges.	35
La Révolte	37
Conseil.	44

*Ce petit
recueil, ornementé
par Fernand Khnopff et
Théo Van Rysselberghe et compre‑
nant douze pièces, choisies chacune
dans un cahier différent de l'œuvre
de* Verhaeren, *a été publié « pour
les amis du Poète » par l'un
des plus anciens
d'entre eux.*

Bruxelles,
E. Deman, 1896